BEI GRIN MACHT SICH IHR WISSEN BEZAHLT

- Wir veröffentlichen Ihre Hausarbeit,
  Bachelor- und Masterarbeit

- Ihr eigenes eBook und Buch -
  weltweit in allen wichtigen Shops

- Verdienen Sie an jedem Verkauf

Jetzt bei www.GRIN.com hochladen
und kostenlos publizieren

Phraseologismen der Herkunftssprecher. Eine empirische Studie zur multilingualen Sprachrezeption

Natalia Zohhova

Bibliografische Information der Deutschen Nationalbibliothek:

Die Deutsche Nationalbibliothek verzeichnet diese Publikation in der Deutschen Nationalbibliografie; detaillierte bibliografische Daten sind im Internet über http://dnb.d-nb.de abrufbar.

ISBN: 9783346567222
Dieses Buch ist auch als E-Book erhältlich.

© GRIN Publishing GmbH
Nymphenburger Straße 86
80636 München

Druck und Bindung: Books on Demand GmbH, Norderstedt Germany
Gedruckt auf säurefreiem Papier aus verantwortungsvollen Quellen

Das Buch bei GRIN: https://www.grin.com/document/1163849

Hausarbeit

Phraseologismen der Herkunftssprecher: eine empirische Studie
zur multilingualen Sprachrezeption

Natalia Zohhova

Proseminar Linguistik: „Phraseologismen im Russischen"
Sommersemester 2020

Inhaltsverzeichnis

1. Einleitung

Feste Wortverbindungen, Kollokationen und Phraseologismen sind ein grundlegender Bestandteil einer jeder Sprache. Doch was passiert mit solchen Verbindungen, wenn Herkunftssprecher des Russischen diese auf die russische Sprache anwenden sollen? In der folgenden Arbeit soll die Frage beantwortet werden, inwiefern Herkunftssprecher mit dem Phänomen der Phraseologismen vertraut sind, ob sie diese erkennen und deuten können und vor allem, ob solche festen Wortverbindungen von Herkunftssprechern nicht nur erkannt, sondern auch in den korrekten semantischen Kontext gesetzt werden können.

Die Arbeit teilt sich in mehrere Teile auf, die sich jeweils mit einem anderen Thema beschäftigen. So sollen im ersten Teil die Theorie der Phraseologismen sowie die Theorie der Herkunftssprache und ihrer Sprecher erklärt werden. Dabei soll die Frage nach der Definition von Phraseologismen, Herkunftssprache und -sprechern sowie ihren Unterschied zu Muttersprachlern beantwortet werden. Im nächsten Teil werden die beiden Disziplinen, Phraseologismen und Herkunftssprecher, einander gegenübergestellt und in Symbiose betrachtet. Hier soll vor allem auf die Schwierigkeiten eingegangen werden, welchen die Herkunftssprecher unbewusst entgegenstehen. Der dritte Teil zeigt eine eigene empirische Studie, bei der die Theorie in der Praxis untersucht worden ist. Zwanzig Herkunftssprecher wurden hierzu aufgefordert einen Fragebogen auszufüllen. Die Fragen hierzu wurden teilweise von dem Fragebogen von Katrin Karl übernommen. Durch den Fragebogen soll erneut untersucht werden, welche Phraseologismen den Herkunftssprechern bekannt sind, ob die bekannten Bedeutungen auch den tatsächlichen entsprechen und ob die Herkunftssprecher solche Bedeutungen in ihrer Sprache verwenden. Anhand dessen soll dann entschieden werden, ob die in dem früheren Teil aufgeführten Hindernisse tatsächlich in der Praxis aufzufinden sind oder ob diese durch die Studie widerlegt werden können.

2. Phraseologismen und Herkunftssprecher

2.1 Definition von Phraseologismen

Bevor man sich mit dem Thema der Phraseologismen beschäftigt, soll im Folgenden zunächst geklärt werden, wie Phraseologismen generell definiert werden. Anzumerken hierbei ist, dass der Bereich der Phraseologie einen sehr großen Umfang hat und hier nur diejenigen Punkte behandelt werden, die für das Verständnis dieser Arbeit relevant sind.[1] Ein Phraseologismus tritt laut Žukov dann auf, wenn zwei oder mehrere Lexeme eine bestimmte semantische Form annehmen, die von ihrer ursprünglichen lexikalischen Bedeutung entweder zum Teil oder völlig abweicht (vgl. Žukov 2006:6) Anders formuliert sind Phraseologismen idiomatische Verbindungen von Lexemen. Phraseologismen sind dementsprechend Wortverbindungen, die des Öfteren, ohne die genaue Kenntnis der Bedeutung, nicht gedeutet werden können.

Die Idiomatizität eines Phrasems lässt sich dennoch auf verschiedene Grade aufteilen. Eckert unterscheidet hier zwischen voll- und teilidiomatischen Phrasemen (vgl. Eckert 1992:95). Zu teilidiomatischen Phrasemen gehören Wortverbindungen, die einzelne Komponenten enthalten, welche keine semantische Veränderung vollziehen (vgl. Eckert 1992:96). Ein Beispiel hierfür wäre das Teilidiom „byt' na družeskoj noge". Dieser ist immer noch idiomatisiert, allerdings verändert sich die Semantik des Wortes „družeskij" in diesem Phraseologismus nicht, denn gemeint ist immer noch, dass man mit jemandem eine freundschaftliche Beziehung zu haben pflegt. Vollidiomatische Phraseme dagegen lassen sich nur durch Vorkenntnisse deuten und enthalten eine viel höhere metaphorische Semantik. Die Frage im Rahmen dieser Arbeit ist vor allem, ob Teilidiome durch die Muttersprachler besser erkannt und gedeutet werden können als Vollidiome.

---

[1] Für eine vertiefende Auseinandersetzung mit Phraseologismen empfiehlt sich die Lektüre von Žukov sowie Eckert und Burger et al. Die Lektüren behandeln grundlegende Themen, aber auch vertiefende Gebiete, die über die Einführungen hinausgehen. Eine genaue Angabe der Lektüren ist im Literaturverzeichnis zu finden, da diese auch für die folgende Arbeit benutzt wurden.

Gegenüber teilidiomatisierten und vollidiomatisierten Phraseologismen stehen bestimmte feste Wortfügungen, sogenannte Kollokationen, die keine idiomatischen Verbindungen darstellen (Karl 2015:76). Kollokationen verstehen sich demnach von selbst, sind aber insofern Phraseologismen im weiteren Sinne, als dass die verwendeten Lexeme in einer bestimmten Verbindung stehen müssen, um einen bestimmten Sinn auszudrücken. Dabei bestehen solche Wortverbindungen immer aus einer Basis, also einem Lexem, welches auch andere Wortfügungen eingehen kann, und einem Kollokator, einem Lexem, welches an sich theoretisch ebenfalls frei ist, mit anderen Wortfügungen jedoch eine andere Semantik aufweist (vgl. Karl 2015:76). Die Kollokatoren „dienen (…) als Signal, dass eine entsprechende – bzw. im Extremfall eine bestimmte – Basis auftreten muss, die ihrerseits jedoch frei ist, auch andere Verbindungen einzugehen." (Karl 2015:76). Kollokationen können demnach als ein semantisch verständlicherer Teil der Phraseologismen eingestuft werden. Als eine beispielhafte Kollokation im Russischen kann hier *„prinimat' rešenije"* *(„eine Entscheidung treffen")* angeführt werden. Stehen die beiden Lexeme in einer solchen Verbindung haben sie nicht nur eine bestimmte Semantik, sondern können diese Semantik auch nur in einer solchen Verbindung darstellen. Im weiteren Verlauf der Arbeit soll festgestellt werden, ob Kollokatoren von den Herkunftssprechern als solche erkannt werden bzw. ob Kollokationen generell von Herkunftssprechern als solche eingestuft werden können.

Ein Punkt, der problematisch erscheint, ist, dass es Wortverbindungen gibt, die sowohl als Kollokationen als auch als Idiome auftreten können. Eckert (1992:101) führt ein Beispiel von Žukov an, in dem die gleiche Wortverbindung in einem Fall, eine idiomatische und in einem anderen eine nichtidiomatische Bedeutung hat. Das Beispiel hier ist das Phrasem „gladit' po golove", welches als Kollokation exakt das Streicheln eines Kopfes bedeutet, als Idiom jedoch „jemandem oder etwas nachgeben" heißt. Dieser Aspekt soll ebenfalls bei Herkunftssprechern untersucht werden, ob bei solchen Verbindungen nicht nur die Kollokationen, sondern auch die idiomatischen Bedeutungen durch die Sprecher erkannt werden.

2.2 Herkunftssprache und Herkunftssprecher

Da nun die linguistischen Grundbegriffe der Phraseologie soweit ausreichend geklärt wurden, soll im Folgenden auf die Definition der Begriffe „Herkunftssprache" und „Herkunftssprecher" eingegangen werden.

Der Begriff der Herkunftssprache lässt sich sowohl im engeren als auch im weiten Sinne definieren. Im angloamerikanischen Bereich zählt zu der Herkunftssprache nicht nur die Sprache selbst, sondern auch die kulturelle Verbundenheit zur Sprache, die dann in dem Menschen den Wunsch auslöst, eine solche Sprache zu lernen (Brehmer/Mehlhorn 2018:17). Dies ist vor allem im angloamerikanischen Raum ein Teil des Herkunftssprachenverständnisses. Im engeren Sinne erhält der Begriff der Herkunftssprache eine etwas genauere Bedeutung. Demnach ist die Herkunftssprache eine Sprache, die „bereits im frühen Kindesalter durch die Interaktion mit Familienmitgliedern" gelernt wird (Brehmer/Mehlhorn 2018:17). Herkunftssprecher, oder „heritage spreakers", sind folgend Menschen, die im Kindesalter eine Sprache gelernt haben, die jedoch nicht die Sprache der Umgebung darstellt, in der sie aufgewachsen sind.

Da die Herkunftssprache nicht der Sprache des Landes bzw. der Majorität der Sprecher entspricht folgt daraus, dass eine solche Sprache nur in bestimmten Kontexten ausgelebt wird. Meist begrenzt sich das Nutzen der Sprache auf das familiäre Umfeld (Brehmer/Mehlhorn 2018:18). Durch eine solche Begrenzung unterscheiden sich Herkunftssprecher meist sehr stark von den Muttersprachlern innerhalb der Entwicklung der Sprache. Während Muttersprachler monolingual aufwachsen und die Sprache demnach in allen Bereichen ihres Lebens nutzen, übernimmt bei den Herkunftssprechern spätestens ab dem Schulalter die Mehrheitssprache. Die Mehrheitssprache wird zur dominierenden Sprache während die Herkunftssprache mit steigendem Alter oft schwächer wird (Brehmer/Mehlhorn 2018:19). Dadurch muss eine klare Grenze zwischen den Begriffen Muttersprache und Herkunftssprache gezogen werden. Zwar kommen Herkunftssprecher oft aus den Ländern, in denen ihre Herkunftssprache gesprochen wird, jedoch sind ihre Sprachfähigkeiten klar von denen der Muttersprachler abzusetzen.

Untersucht man die Herkunftssprecher etwas näher, so lassen sich diese in die Gruppen der basilektalen-, akrolektalen-, sowie mesolektalen Herkunftssprecher aufteilen. Angemerkt hier sei, dass dies nur eine grobe Einstufung ist, um einen deutlicheren Überblick zu bekommen, da es auch Herkunftssprecher gibt, die außerhalb dieser drei Gruppen existieren.

Akrolektale Sprecher ähneln den Muttersprachlern am meisten. Diese beherrschen die Herkunftssprache sehr gut und können nur selten von Muttersprachlern unterschieden werden. Die Unterschiede gibt es dennoch, wobei sich diese eher auf formelle Sprachebereiche begrenzen (Brehmer/Mehlhorn 2018:33).

Mesolektale Sprecher bilden die Mitte des Sprachkenntnisstandes. Sie können weder den akrolektalen Sprechern zugeordnet werden, noch zählen sie zu den Sprechern, die eher schwache Kenntnisse der Sprache aufweisen (Brehmer/Mehlhorn 2018:33).

Zu der dritten Gruppe gehören Herkunftssprecher, die kaum oder sehr geringe Kenntnisse der Sprache aufweisen. Diese werden als basilektale Sprecher bezeichnet. Oft fehlen ihnen literale Kompetenzen vollständig. Ihr Lexikon weist ebenfalls Schwachstellen auf. Einige basilektale Sprecher verfügen gar nicht erst über einen aktiven Wortschatz, sondern können die Sprache nur verstehen (Brehmer/Mehlhorn 2018:32).

Die angegebenen Gruppen dienen hier nur zur Übersicht. Es finden sich immer wieder Sprecher, die sich zwischen den Gruppen bewegen. Auch ist es möglich, dass Sprecher im Verlauf ihres Lebens aus einer Gruppe in die andere wechseln, wobei hier oft der Fall der Attrition[2] auftritt und seltener die Entwicklung in die akrolektale Gruppe. Die Mehrheitssprache nimmt immer einen Einfluss auf die Sprachfähigkeiten der Herkunftssprecher, selbst wenn sie die Herkunftssprache auf einem hohen Niveau beherrschen. Auch im Russischen hat das Deutsche einen großen Einfluss auf die Her-

---

[2] Attrition: „langsamer Abbau von ursprünglich einmal vorhandenen sprachlichen Fähigkeiten" (Brehmer/Mehlhorn 2018:40). Wenn die L2 immer mehr das Sprachfeld des Sprechers übernimmt, kommt es oft zum Verlust der Sprache in vielen früher bekannten Bereichen. In extremen Fällen verliert der Sprecher die Fähigkeit zu Sprache fast komplett und behält nur das Verständnis von der Rezeption der Sprache. Dies ist allerdings altersabhängig. Herkunftssprecher, die in einem sehr früher Alter immigriert sind bzw. die bereits in einem anderen Land geboren wurden zeigen viel stärkere Attrition auf als Herkunftssprecher, die zu einem späteren Zeitpunkt ihres Lebens eingereist sind (vgl. Brehmer/Mehlhorn 2018:40). Dieses Phänomen wird ebenfalls als instabile Zweisprachigkeit bezeichnet (vgl. Brehmer/Mehlhorn 2018:29)

kunftssprecher in allen linguistischen Bereichen[3] (vgl. Brehmer/Mehlhorn 2018). In Verbindung mit dieser Arbeit ist hier vor allem der Aspekt der Lehnsemantik und des Bedeutungstransfers als wichtig einzuordnen. Bestimmte Passagen werden dabei von den Sprechern Wort für Wort übersetzt, oft in der Art und Weise, welche selbst für Muttersprachler nicht nachvollziehbar erscheint. Es entsteht eine Mischsprache, in der deutsche Lexik ins Russische übertragen wird (vgl. Brehmer/Mehlhorn 2018:49) Dabei geht die tatsächliche Bedeutung der Aussage oft verloren. Es stellt sich die Frage, inwieweit Herkunftssprecher durch den Bedeutungstransfer russische Aussagen, in diesem Fall Phraseologismen, missverstehen, jedoch der Meinung sind, diese klar verstanden zu haben.

2.3 Exkurs: Mehrsprachige Sorgenkinder

Zwei- bzw. Mehrsprachigkeit gehört heute zum Alltag in allen deutschen Schulen.[4] Trotz der hohen Anzahl an mehrsprachigen Kindern wird Mehrsprachigkeit oft mit einer negativen Konnotation angesprochen. Mehrsprachige Kinder aus Familien mit Migrationshintergrund werden oft als „mehrsprachige Sorgenkinder" betrachtet (Brehmer/Mehlhorn 2018). Studien wie IGLU oder PISA zeigten oft schlechtere Schulergebnisse bei mehrsprachigen Schülern und deuteten darauf hin, dass zwischen der Zweisprachigkeit und dem Schulerfolg eine direkte Verbindung besteht. Nach einer gründlichen Untersuchung konnte man jedoch feststellen, dass dies nicht der einzelne Faktor ist, sondern dass der Lernerfolg eines Schülers vor allem von dem sozioökonomischen Status der Familie abhängt. Vergleichbar schlechte Ergebnisse erzielten auch monolinguale Sprecher aus sozioökonomisch schwächeren Familien, während sozioökonomisch stärkere Familien vergleichbar gute Ergebnisse erzielten (vgl. Brehmer/Mehlhorn 2018). Ohne Zweifel werden einige Probleme bei Schülern durch die Mehrsprachigkeit bzw. durch die instabile Zweisprachigkeit hervorgehoben, jedoch zeigen mehrsprachige Kinder oft bessere kognitive Fähigkeiten in verschiedenen

---

[3] Neben den einzelnen Transfers in den verschiedenen Bereichen der Linguistik, spielt vor allem Code-Switching eine große Rolle in der Sprachforschung. Da dies jedoch nicht Thematik dieser Arbeit ist, sei dies hier nur kurz erwähnt.
[4] Vgl. Studie Fürstenau/Gogolin/Yagmur (2003): zwischen 28 und 35% der befragten Schüler wachsen zwei oder mehrsprachig auf

Bereichen. Die Interdependenzhypothese besagt, dass mehrsprachige Kinder neue Sprachen und andere Fähigkeiten viel leichter erlernen als monolinguale Sprecher, da sie ihre Kenntnisse aus den bereits bekannten Sprachen auf die neu zu erlernenden Fähigkeiten übertragen können (vgl. Brehmer/Mehlhorn 2018:13). Und obwohl die meisten Sprecher die Herkunftssprache nur im familiären Kreis benutzen, so werden besonders in diesem Bereich Herkunftssprecher als Sprachmittler im Alltag angespornt. Oft vermitteln sie bei Ärzten oder Behörden für ihre Familien und Bekannte, da diese die Mehrheitssprache weniger gut beherrschen. Somit erhalten sie eine wichtige Funktion in ihrer Gesellschaft, wodurch sie auch außerhalb des Unterrichts zu Sprachexperten gemacht werden (vgl. Brehmer/Mehlhorn 2018:60).

Durch die Sprachmittlung entsteht eine Wechselwirkung von Umgebung und Sprecher. Herkunftssprecher mit guten Sprachkenntnissen können in mehr Lebensbereichen in beiden Sprachen agieren als Herkunftssprecher mit schlechten Sprachkenntnissen. Im Gegenzug wirken die verschiedenen Lebensbereiche auf die Sprachkenntnisse der Herkunftssprecher. Daher ist der Input[5], den die Sprecher erhalten besonders wichtig. Insgesamt jedoch zeigt sich, dass Mehrsprachigkeit nicht als ein negatives Phänomen gesehen werden darf, sondern dass die bilingualen Sprecher oft einen Vorteil durch ihre Mehrsprachigkeit bekommen können, wenn diese richtig eingesetzt wird.

3. Phraseologismen im Bereich der Herkunftssprache

Da sowohl die Begriffe der Phraseologie als auch die der Herkunftssprache geklärt wurden, soll im Folgenden ein Überblick verschafft werden, wie Phraseologismen sich im Bereich der Herkunftssprache verhalten.

Nach der oben gegebenen Analyse zur Herkunftssprache und den Herkunftssprechern lässt sich eines der größten Probleme der Herkunftssprecher schlussfolgern: Sie sind zwar keine Muttersprachler, können den Fremdsprachenlernern

---

[5] Unter Input ist die Gesamtheit des sprachlichen Wissens, die ein Sprecher bekommt, zu verstehen. Herkunftssprecher bekommen im Vergleich zu Muttersprachlern oft eine geringere Qualität und Quantität des Inputs der Sprachen. Je nach Qualität und Quantität wächst bzw. sinkt die Sprachkenntnis der Sprecher. Außerfamiliärer Unterricht sowie Besuche des Heimatlandes können den Input steigern und damit die Sprachkenntnisse der Sprecher deutlich verbessern (vgl. Brehmer/Mehlhorn 2018:35f.)

jedoch ebenfalls nicht zugeordnet werden. Dabei verfügen sie oft über ein Sprachgefühl, welches ihnen das Gefühl gibt, die Sprache zu beherrschen. Dieses Sprachgefühl der Herkunftssprecher ist jedoch oft nicht korrekt, denn Vieles aus ihrem Sprachgefühl entspricht nicht nur der Herkunftssprache, sondern wird aus der Mehrheitssprache transferiert. Der Semantiktransfer kann daher zu falschen Deutungen führen und besonders im Bereich der Phraseologismen können diese dann missverstanden werden.

Auch im Fremdsprachenunterricht gehören Phraseologismen manchmal zum Lernstoff. Alison Wray kommt in ihrer Arbeit jedoch zum Ergebnis, dass viele existierende idiomatische Phraseologismen[6] in realistischen Unterhaltungen nicht verwendet werden würden und daher oft unbrauchbar sind (vgl. Burger et.al. 2007:879). Obwohl sich diese Aussage auf das Lernen einer Fremdsprache bezieht, kann diese genauso gut auf die Herkunftssprecher übertragen werden. Dadurch, dass Herkunftssprecher die Sprache nur in einer bestimmten Umgebung erleben und dies meist der mündliche familiäre Bereich ist, wäre die Hypothese aufzustellen, dass die Herkunftssprecher viele der Idiome nicht kennen, wenn die Sprecher, mit denen sie in Verbindung treten, solche nicht benutzen. Viele Phraseologismen können den Herkunftssprechern demnach komplett unbekannt bleiben, da diese niemals in einem Gespräch von bestimmten Personen verwendet werden würden.

Um ein Phrasem richtig deuten zu können bedarf es „weiterer Angaben, wie z.B. zu den jeweiligen Gebrauchsbedingungen (wer gebraucht dieses Phrasem, bei welcher Gelegenheit, im Gespräch mit wem?) und ebenso genaue Hinweise, ob es sich hier um ein modisches, übliches oder veraltetes Phrasem handelt, ob es der familiären, neutralen oder gehobenen Ausdrucksweise angehört (…)" (Ettinger/ Burger et al 2007: 894). Wenn diese Bereiche jedoch von der Mehrheitssprache abgedeckt werden, haben die Herkunftssprecher nicht die Möglichkeit vieler solcher Phraseme kennenzulernen.

Im Fremdsprachenunterricht durchlaufen die Lernenden drei Phasen: Phraseologismen erkennen, entschlüsseln und gebrauchen (Ettinger 2007). Das Kennen der Phraseologismen bei Herkunftssprechen wird dagegen vorausgesetzt und selbst im Herkunftssprecherunterricht kaum besprochen. Dabei gelten Phraseo-

---

[6] Hier auf die englische Sprache bezogen, jedoch gilt dasselbe für das Russische

logismen im Fremdsprachenunterricht als die höchste Stufe des Spracherwerbs und werden dem Niveau C2 zugeordnet (vgl. Häcki Buhofer 2007).

Daraus folgt, dass viele Herkunftssprecher, die nicht den akrolektalen Sprechern zugeordnet werden können, Phraseologismen kaum beherrschen dürften. Ausnahmen sollten hier für Kollokationen gelten, da diese in dem mündlichen Bereich oft verwendet werden. Jedoch stellt sich hier die Frage, ob Herkunftssprecher Kollokationen als solche erkennen oder ob ihnen nicht klar ersichtlich ist, dass auch diese feste Wortverbindungen darstellen.

Im Rahmen dieser Arbeit wurde ein Fragebogen erstellt, der die Frage behandelt, wie Herkunftssprecher Phraseologismen wahrnehmen. Im nächsten Schritt sollen die Ergebnisse sowie die Erkenntnisse der Umfrage dargestellt werden.

4. Phraseologismen und Herkunftssprecher: eine kleine empirische Studie

Es stellt sich die Frage, inwiefern die vorher gelisteten theoretischen Vermutungen in der Praxis tatsächlich beobachtbar sind. Daher wurde ein Fragebogen zur Abfrage einiger Phraseologismen erstellt, um eine exemplarische empirische Studie durchzuführen.

Im Fragebogen wurden einige idiomatische Phraseologismen sowie Kollokationen abgefragt. Die Teilnehmer sollten daraufhin beantworten, ob sie diese Phraseologismen kennen, sie als solche anerkennen und welche Semantik diese Phraseologismen aufweisen, falls diese dem Teilnehmer bekannt sein sollten. Zusätzlich hatten die Teilnehmer die Möglichkeit eine deutsche Alternative zu den Phraseologismen zu geben.

Am Ende des Fragebogens wurden einige Fragen zu den Teilnehmern selbst erhoben, ob diese in Deutschland oder ihrem Herkunftsland geboren sind und ob sie hier in Deutschland in jeglicher Weise Russischunterricht erhielten. Insgesamt wurden 20 Teilnehmer befragt. Alle Befragten sind russische Herkunftssprecher und die Altersspanne liegt zwischen 14-29 Jahren.

Im Folgenden sollen die auffälligsten Beobachtungen vorgestellt und erläutert werden.

Von den Befragten sind 50% in einem russischsprachigen Land geboren und in einem jungen Alter nach Deutschland gekommen, die übrigen 50% sind bereits in Deutschland geboren und aufgewachsen. Unabhängig von dem Geburtsland halten sich genauso 50% aller Befragten für Muttersprachler des Russischen. Der Rest der Befragten sind der Meinung Muttersprachler des Deutschen und des Russischen zu sein. Folglich sehen alle Befragten Russisch als ihre Muttersprache, unabhängig von dem Geburtsland oder des sprachlichen Niveaus.

35% der Teilnehmer sind Studierende der slavistischen Fakultät, weitere 10% besuchten schon einmal Russischunterricht. Fast die Hälfte der Befragten hatten demnach Kontakt mit der Sprache auf einem institutionellen Niveau und nicht nur im familiären Umfeld.

Trotz der offenbar engen Verbundenheit zu der russischen Sprache konnten sieben der Befragten (35%) den Fragebogen nicht beantworten, da dieser ihnen zu schwer erschien und sie die Ausdrücke des Fragebogens nicht deuten konnten. Auf die Nachfrage, ob nicht einige Kollokationen nicht doch bekannt gewesen seien (wie z.B. *dožd' idet*), wurde die Frage zwar mit „ja" beantwortet, die Fragen seien jedoch wohl trotzdem zu schwer gewesen. Bei diesen Befragten handelt sich bei allen um Jugendliche zwischen vierzehn und sechszehn Jahren. Sie sind alle in Deutschland geboren und besuchten keinen Russischunterricht. Als Interpretationsansatz ist hier zu sehen, dass unter anderem die literalen sowie skribalen Fähigkeiten der Befragten nicht weit ausgeprägt sind, auch wenn diese selbst behaupten auf Russisch gut lesen und schreiben zu können. Die neue Generation der Herkunftssprecher scheint sich jedoch deutlich in die Richtung der Attrition der Sprache zu entwickeln. Überraschend ist jedoch, dass sie sich dennoch als Muttersprachler des Russischen sehen.[7] Trotz der fehlenden Sprachkenntnisse scheinen sie eine enge Verbundenheit zu der Sprache bzw. zu ihrer Herkunft zu empfinden.

Die restlichen 65% der Befragten, die den Fragebogen beantworten konnten, weisen ebenfalls Auffälligkeiten auf. Im weiteren Verlauf der Analyse werden die restlichen dreizehn Befragten, die den Fragebogen tatsächlich beantworten konnten, als 100% der Befragten angegeben.[8]

---

[7] Alle von diesen Befragten haben, neben dem Russischen, Deutsch als ihre Muttersprache angegeben.
[8] Dadurch, dass im weiteren Verlauf der Analyse die sieben Befragten, die keine Antworten geben konnten, nicht mehr erwähnt werden, werden diese für die weitere Analyse aus den 100% entnommen, um die anderen Antworten besser berechnen und interpretieren zu können.

4.1 Herkunftssprecher und Kollokationen

Bevor auf die idiomatischen Phraseologismen eingegangen wird, soll im Folgenden auf Phraseologismen im weiteren Sinne, die Kollokationen, eingegangen werden. Diese werden von den Befragten klar erkannt, jedoch nicht als Phraseologismen gedeutet. Sowohl bei den Kollokationen *„dožd' idet"* und *„gladit' po golove"*, als auch bei der Kollokation *„prinimat' rešenije"*, sind sich die Befragten einig, dass dies keine Phraseologismen sind. Alle kennen ihre Bedeutung und verwenden diese Ausdrücke, einer der Befragten kennt sogar die idiomatische Definition von *„gladit' po golove"*, ordnet den Begriff jedoch trotzdem nicht den Phraseologismen zu. Ein Befragter gibt bei allen Begriffen an, dass es sich hierbei um Kollokationen handelt. Bei diesem Befragten handelt es sich um einen Studierenden der slavischen Philologie.

Unstimmigkeiten treten bei der Kollokation *„sjest' vs'u tarelku"* auf. Hier sind sich die Befragten uneinig. 7 von Ihnen (54%) geben an, es sei kein Phraseologismus, während die restlichen 6 (46%) diesen Ausdruck den Phraseologismen zuordnen. Der Begriff ist allen bekannt, die Definition des Ausdrucks geben ebenfalls alle Befragten korrekt an. Dennoch teilt sich die Meinung über den Begriff in zwei große Lager. Eine mögliche Interpretation dessen wäre, dass diejenigen, welche die Kollokation als Phraseologismus eingeordnet haben, den Ausdruck als eine idiomatischere Zusammenstellung sehen als die anderen Befragten. Semantisch gesehen wird in dem Ausdruck nicht der Teller selbst, sondern das Innere eines Tellers aufgegessen. Die Befragten, die dies als eine Metapher gesehen haben mögen, könnten diejenigen sein, die diese Aussage als ein Phraseologismus einordnen. Interessant hier anzumerken wäre, dass der Ausdruck *„dožd' idet"* rhetorisch eine Personifikation darstellt, der Ausdruck aber so tief in der Sprache verankert ist, dass dies von allen Befragten übersehen und demnach nicht als Phraseologismus eingeordnet wird.

Etwas einiger scheinen sich die Befragten bei dem Ausdruck *„prihodit' v golovu / na um"* zu sein. Hier haben 77% der Befragten (10 Teilnehmer) angegeben, dass es sich hierbei um einen Phraseologismus handelt, nur 33% (3 Teilnehmer) waren dagegen. Auch hier kannten alle die richtige Bedeutung des Ausdrucks.

Anders als bei dem Ausdruck „*sjest' vsu tarelku*" ist die Metaphorik in diesem Ausdruck viel deutlicher, der Ausdruck könnte ebenfalls nicht nur als Kollokation, sondern auch als Teilidiom gesehen werden. Folglich kann man sagen, dass Herkunftssprecher solche Ausdrücke zu Phraseologismen zählen, die zumindest teilidiomatisch sind. Kollokationen werden von den Herkunftssprechern verstanden und verwendet, jedoch nicht dem Bereich der Phraseologismen zugeordnet, wenn keine semantischen Doppeldeutigkeiten, zumindest auf den ersten Blick, erkannt werden.

4.2 Herkunftssprecher und Idiome

Da die Herkunftssprecher Kollokationen, also nicht idiomatische Ausdrücke, nicht zu Phraseologismen zählen, sollen nun im Vergleich dazu idiomatische Ausdrücke und ihre Interpretation der Herkunftssprecher näher untersucht werden. Insgesamt wurden den Teilnehmern elf idiomatische Ausdrücke vorgestellt. Diese wurden bereits von allen als Phraseologismen erkannt, unabhängig davon, ob diese den Befragten bekannt waren oder nicht.[9] Ein idiomatischer Ausdruck, unabhängig von der Kenntnis dieses Ausdrucks, wird demnach von den Herkunftssprechern als ein Phraseologismus gekennzeichnet, nur weil die Semantik nicht klar nachvollziehbar zu sein scheint. Einige dieser Ausdrücke sollen hier etwas näher vorgestellt werden, da diese bestimmte Besonderheiten aufweisen.

Eine sehr auffällige Eindeutigkeit zeigt der Phraseologismus „*za derevjami lesa ne videt*". Es ist der einzige Phraseologismus aus der gesamten Befragung, den nicht nur alle kennen, sondern auch die richtige Bedeutung und das richtige deutsche Äquivalent dazu angeben können. Die Antworten der Befragten weichen im Bezug auf diesen Ausdruck keinerlei ab, jeder kann dem Ausdruck das deutsche Äquivalent „*den Wald lauter Bäume nicht sehen*" zuordnen. Es stellt sich die Frage, weshalb dieses Sprichwort ein so eindeutiges Ergebnis erzielt, obwohl die anderen Phraseologismen nicht weniger bekannt sein müssten. Eine Antwortmöglichkeit darauf wäre der semantische und lexikalische Transfer. Sowohl die Bedeutung des Ausdrucks als auch dessen Wortlaut ist in der deut-

---

[9] Auch wenn „der Ausdruck ist mir bekannt" mit nein angekreuzt wurde, wurden die Ausdrücke dennoch als Phraseologismen definiert.

schen Sprache sehr ähnlich. Herkunftssprecher, die beide Sprachen kennen, können diesen daher leichter übersetzen und verstehen als andere Ausdrücke, die vom Deutschen abweichen. Der semantische Transfer als Phänomen der Herkunftssprache wurde bereits früher in dieser Arbeit erwähnt und ist, neben dieser genannten Ausnahme, meist der Grund für Missverständnisse in der Deutung von weiteren Phraseologismen.[10]

Die Fehlleitung des Transfers stellen die nächsten Beispiele dar. Der Ausdruck „*kapl'ja v more*" wird von nur 5 Personen (38%) mit dem richtigen deutschen Äquivalent markiert. 54% der Befragten (7 Personen) kennen die richtige Bedeutung des Wortes, zwei von Ihnen kennen aber nicht das deutsche Äquivalent. Semantisch erklärt der Ausdruck, dass etwas sehr unbedeutend ist bzw. keinen Zweck im Großen und Ganzen hat und entspricht somit dem Deutschen „*ein Tropfen auf dem heißen Stein*". Von den restlichen Personen, die angaben den Ausdruck zu kennen und auch zu benutzen gibt es verschiedene Antworten, diesen Ausdruck zu deuten. Unter diesen Deutungen gibt es keine klare Mehrheit, die für eine bestimmte Deutung stimmt. Es gibt Antworten wie „Nadel im Heuhaufen" oder „wie Sand am Meer", doch jede Person interpretiert den Ausdruck immer etwas anders. Es entsteht der Eindruck der Unschlüssigkeit. Umso interessanter ist die Erkenntnis, dass alle Teilnehmer diesen Ausdruck zu kennen und zu benutzen scheinen.

Die Ausdrücke „*iz koži von lez't*'" und „*vyhodit' iz sebja*" sind Phraseologismen, die bereits von weniger Befragten als bekannt angegeben werden. Dabei kennen „*vyhodit' iz sebja*" elf Befragte (85%), den anderen Ausdruck neun (69%). Von den Befragten, die die Ausdrücke als bekannt angeben, können jedoch nur jeweils fünf Personen die richtige Bedeutung der Phraseologismen angeben. Dabei wird von den restlichen Personen der Ausdruck „*iz koži von lez't*'" meist als „*wütend werden*" interpretiert (von drei Personen, die vierte gibt keine Bedeutung an). Der Ausdruck „*vyhodit' iz sebja*" wird dagegen von zwei Personen als „*aus sich herauskommen, etwas wagen*" gedeutet, der Rest verwechselt den Begriff mit der Semantik des Ausdrucks „*iz koži von lez't*'".

---

[10] Ungefähr ähnliche Ergebnisse lieferten auch die Ausdrücke „izčeznut' z gorizonta" sowie „kaša v golove". Auch hier konnten alle Befragten die richtige Bedeutung angeben. Diese waren jedoch nicht immer identisch, das deutsche Äquivalent konnte ebenfalls nicht von allen angegeben werden, jedoch war die Semantik der Begriffe für die Befragten in diesen Fällen klar verständlich.

Bei der Beobachtung der Ergebnisse, ist an den beiden Beispielen klar zu erkennen, dass es für die Befragten deutlich schwieriger wird die Ausdrücke korrekt zu deuten, sobald die Semantik der Begriffe in der Herkunftssprache nicht der Semantik der Begriffe in der Mehrheitssprache entspricht.

Dasselbe Schema gilt für den Ausdruck „*stat' na korotkuju nogu s kem*". Dieser Ausdruck wird nur noch von 46% aller Befragten (6 Personen) als bekannt angegeben, nur noch vier können die korrekte Bedeutung des Ausdrucks angeben. Die anderen Befragten geben an, der Ausdruck bedeute „*jemandem nicht trauen*" etc. an, also das genaue Gegenteil der tatsächlichen Bedeutung des Ausdrucks. Weitere Phraseologismen werden nur noch von einigen wenigen erkannt, diese stellen jedoch Studenten der slavistischen Fakultät dar.[11]

5. Zusammenfassung und mögliche Forschungsfortführungen

Die empirische Untersuchung zeigt, dass viele der in Kapitel drei genannten Probleme auch in der Praxis Gestalt annehmen. Von manchen wenigen Phraseologismen sowie Kollokationen abgesehen, die ganz eindeutig von den Herkunftssprechern eingeordnet werden konnten, erkennt man eindeutige Unsicherheiten im Bereich der idiomatischen Phraseologie. Nicht nur, dass die Begriffe falsch gedeutet werden, oft kann ein Begriff gar nicht zugeordnet werden, da dieser den Befragten nicht bekannt ist. Klar bestimmt werden konnten Begriffe, die im Deutschen ähnlich vertreten sind. Andere Phraseologismen, die auch im Russischen nur in bestimmten Bereichen verwendet werden, können von den Befragten weder erkannt noch verstanden werden. Ein Grund für eine Unkenntnis dieser Begriffe ist das Umfeld, in dem die Herkunftssprecher die Sprache sprechen. Im familiären Umfeld werden die Begriffe oft nicht verwendet und können daher kaum von den Sprechern gelernt werden. Andere Phraseologismen werden falsch interpretiert; besonders durch den semantischen Transfer werden einige Phraseologismen mit den deutschen Phraseologismen gleichgesetzt. Es stellt sich auch die Frage, ob die fehlinterpretierten Begriffe in dem Umfeld, in dem die Sprache genutzt wird, korrekt genutzt werden, oder ob auch Eltern bzw.

---

[11] Zu solchen Phraseologismen gehören Ausdrücke wie (1) „v soročke rodilsja" (5 Personen), (2) „vidal vidy" (4 Personen) oder (3) „s gul'kin nos" (3 Personen). Neben dem deutlichen sinkenden Bekanntheitsgrad dieser Phraseologismen, geben nur ein Teil der Probanden das deutsche Äquivalent der Ausdrücke an (1): 4 Personen (2): 1 Person (3): 1 Person.

Großeltern einen Einfluss auf die falsche Interpretation haben. Es stellt sich also die große Frage, wie viel von dem gegebenen Input auch korrekter Input ist und wie viel falschen Input die Herkunftssprecher bekommen. Weiterhin soll untersucht werden, was für eine Möglichkeit den Herkunftssprechern gegeben werden kann, um die russischen Phraseologismen näher zu bringen.

Abschließend lässt sich sagen, dass trotz der eher schwierigen Beziehung zwischen Phraseologismen und Herkunftssprechern es bemerkenswert ist, dass sich alle Befragten mit dem Russischen als ihrer Muttersprache identifizieren, auch wenn das Sprachniveau der Befragten deutliche Unterschiede aufzeigt. Hier zeigt sich die Ausprägung der Herkunftssprache im weiteren Sinne. Eine anschließende Untersuchung zur russischen Sprache als Identifikationsfaktor und nicht als die tatsächlich gesprochene Sprache wäre ein durchaus interessanter Forschungsansatz. Unumstritten bleibt jedoch, dass Herkunftssprecher eine spezielle Gruppe von Sprechern darstellen, die gesondert sowohl von Muttersprachlern als auch von Fremdsprachenlernern behandelt werden müssen.

6. Literaturverzeichnis

Brehmer, B. Mehlhorn, G. (2018): *Herkunftssprachen*. Tübingen.

Eckert, R. Günther, K. (1992): *Die Phraseologie der russischen Sprache*. Leipzig u.a.

Ettinger, Stefan: *Phraseme im Fremdsprachenunterricht*. In: Burger, H. et al (Hrsg.) (2007): Phraseologie: ein internationales Handbuch zeitgenössischer Forschung. Berlin.

Häcki Buhofer, Anelies: *Phraseme im Erstspracherwerb*. In: Burger, H. et al (Hrsg.) (2007): Phraseologie: ein internationales Handbuch zeitgenössischer Forschung. Berlin.

Karl, Katrin (2015): *Übersetzen bilinguale Phraseologismen? Ergebnisse einer Untersuchung russisch-deutscher Sprachdaten*. In: Multilingualism and translation: studies on Slavonic and non-Slavonic languages in contact. Frankfurt am Main, Bern, Bruxelles, New York, Oxford, Warszawa, Wien

Wray, Alison: *Set phrases in second language acquisition*. In: Burger, H. et al (Hrsg.) (2007): Phraseologie: ein internationales Handbuch zeitgenössischer Forschung. Berlin.

Žukov, V.P., Žukov A.V. (2006): *Russkaja frazeologija*. Moskva